About thi:

There are many ways to use this book. You can use it as a quick reference for charts that are important to you, perhaps a collection of family and close friends. You could use it to keep your natal chart and your progressions, as well as composites with others. Great to have handy or take to a conference or class.

It makes a great journal. You can put in the transits for the date and time you are writing. Even if what you write has nothing to do with Astrology, it might be helpful to go back and look at the transits and compare them with what was going in your life and what you felt drawn to write about.

You can use it as a study guide. Maybe you found the chart of someone famous and want to make notes about it. It can be a great complement to an Astrology class you are taking, or notes from a book or website you are reading. You can use the chart wheel for any kind of chart and fill it in as much or as little as you want.

This won't replace your favorite Astrology phone app, or folders of charts, but it can be more useful in some ways. The chart images are larger than your phone, and your notes are right next to the chart. The charts and notes are bound together, rather than a bunch of loose pages that can be lost. The index makes it easy to find your notes again. So many possibilities.

Enjoy!

Lisa

The Twelve Signs

♈	Aries	Fire, Cardinal
♉	Taurus	Earth, Fixed
♊	Gemini	Air, Mutable
♋	Cancer	Water, Cardinal
♌	Leo	Fire, Fixed
♍	Virgo	Earth, Mutable
♎	Libra	Air, Cardinal
♏	Scorpio	Water, Fixed
♐	Sagittarius	Fire, Mutable
♑	Capricorn	Earth, Cardinal
♒	Aquarius	Air, Fixed
♓	Pisces	Water, Mutable

Planets & Points

☉	Sun	ego, personality in this life
☽	Moon	emotions, mother, family
♀	Venus	love, values, aesthetics
☿	Mercury	mind, language, rationality
♂	Mars	drive to acquire, desire
♄	Saturn	structure, time & space
♃	Jupiter	growth, faith, confidence
♅	Uranus	discovery, connection, genius
♆	Neptune	compassion, dreams, creativity
♇	Pluto	choice, will, transformation
☋	South Node	patterns from past lives
☊	North Node	purpose, goal of this life
ASC	Ascendant	rising sign, entrance into this life
MC	Midheaven	soul energy

The planets are energies. The nodes are points relative to the moon. They always exactly oppose each other, as only by pursuing the exact opposite of your history will you achieve new growth in this life. The Ascendant is what was rising on the eastern horizon when you were born and shows your entry into this life. The midheaven is what was directly overhead when you were born and shows your soul energy.

Aspects

Symbol	Aspect	Keyword
♂	Conjunction, 0 degrees	unified system
✳	Sextile, 60 degrees	cooperation
☐	Square, 90 degrees	forced awareness
△	Trine, 120 degrees	flowing connection
⚳	Quincunx, 150 degrees	neutralizing
☍	Opposition, 180 degrees	opposing energy

Aspects are the angular relationships between pieces in the chart. When an aspect is close to forming, but is not exact, Astrologers use an orb to determine if the aspect is formed. Common orbs are plus or minus degrees for conjunction, square, trine and opposition and 3 degrees for sextile and quincunx.

For example, 2 planets would be conjunct if they are within 7 degrees of one another. They would form a sextile if the angle between them is 60 degrees, plus or minus 3 degrees i.e., an angle of 57 - 63 degrees.

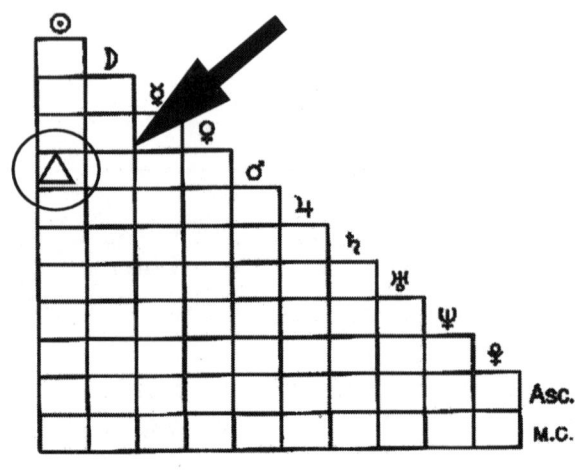

An aspectarian (see image to left) is used to show the aspects between pieces in a chart. For example, if the Sun is trine Mars, the symbol for a trine (triangle) would be placed in the box that is below the Sun and next to Mars.

Index

8 _____

10 _____

12 _____

14 _____

16 _____

18 _____

20 _____

22 _____

24 _____

26 _____

28 _____

30 _____

32 _____

34 _____

36 _____

38 _____

40 _____

42 _____

44 _____

46 _____

48 _____

50 _____

52 _____

54 _____

56 _____

58 _____

60 _____

62 _____

64 _____

66 _____

68 _____

70 _____

72 _____

74 _____

76 _____

78 _____

80 _____

82 _____

84 _____

86 _____

88 _____

90 _____

92 _____

94 _____

96 _____

98 _____

100 _____

102 _____

104 _____

106 _____

108 _____

110 _____

112 _____

114 _____

116 _____

118 _____

120 _____

122 _____

124 _____

126 _____

128 _____

130 _____

Name _____

Date _____

Time _____

Location _____

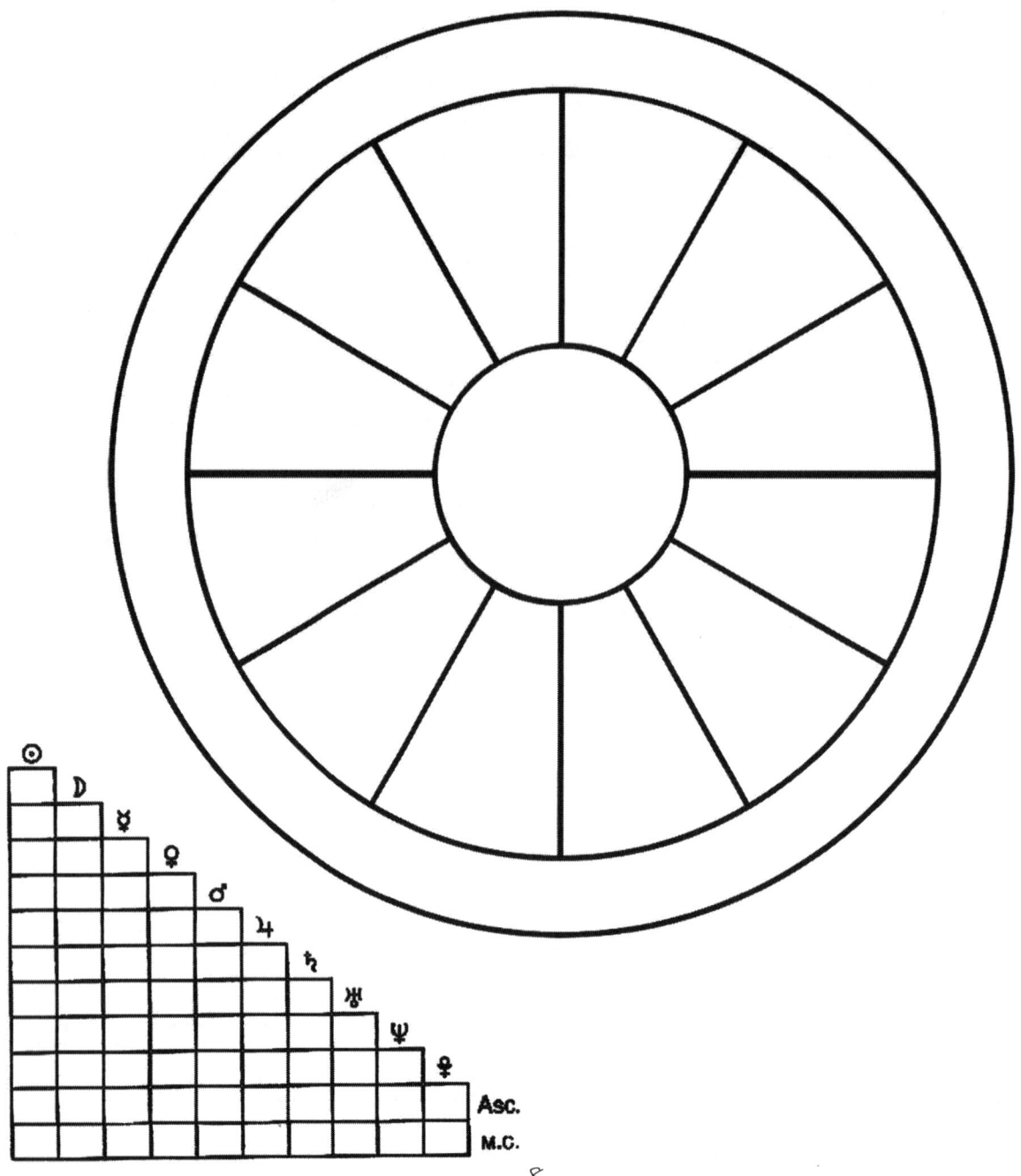

Name _____

Date _____

Time _____

Location _____

Name _____

Date _____

Time _____

Location _____

Name _____

Date _____

Time _____

Location _____

14

Name _____

Date _____

Time _____

Location _____

Name _____

Date _____

Time _____

Location _____

18

Name _____

Date _____

Time _____

Location _____

Name _____

Date _____

Time _____

Location _____

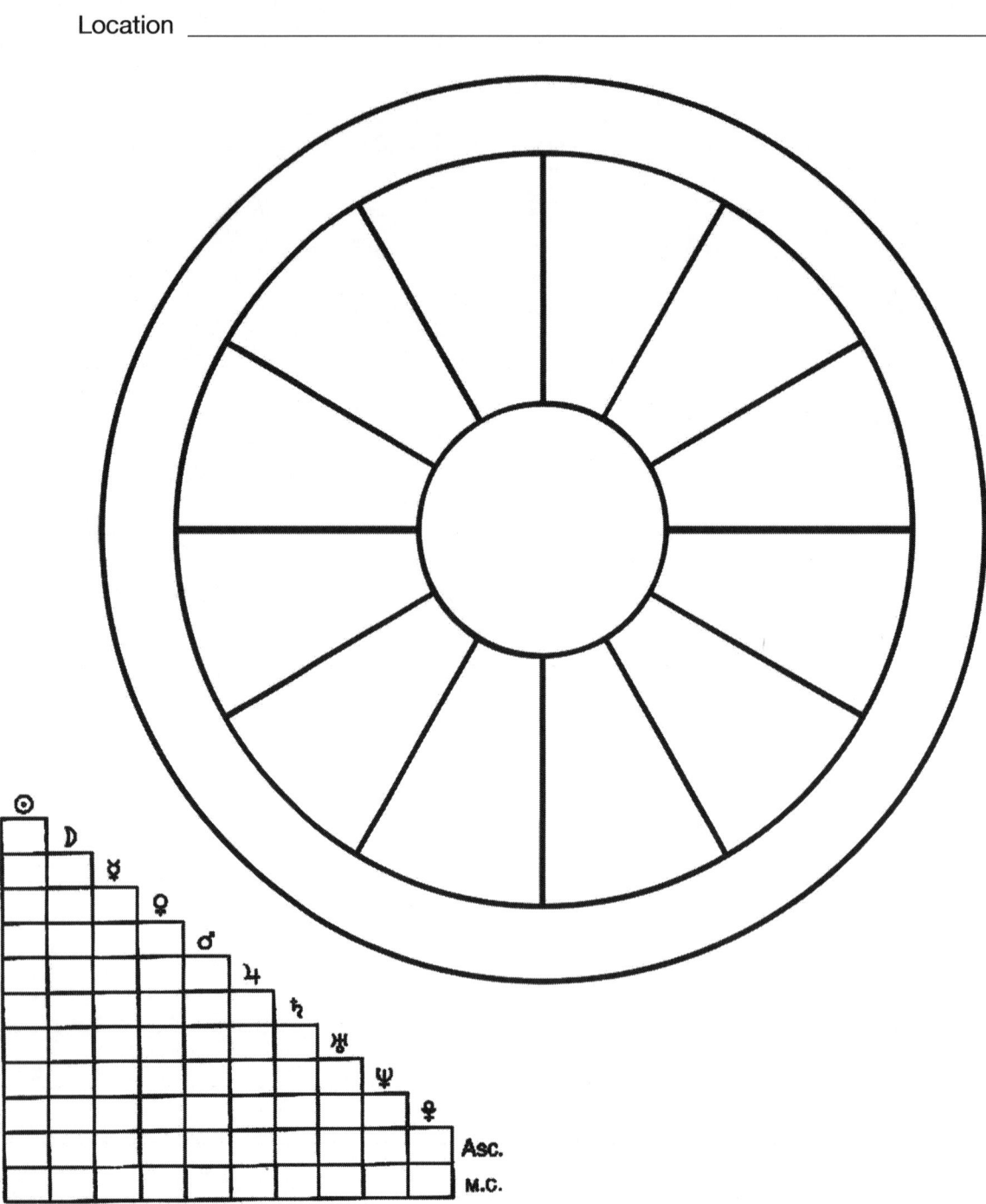

Name _____

Date _____

Time _____

Location _____

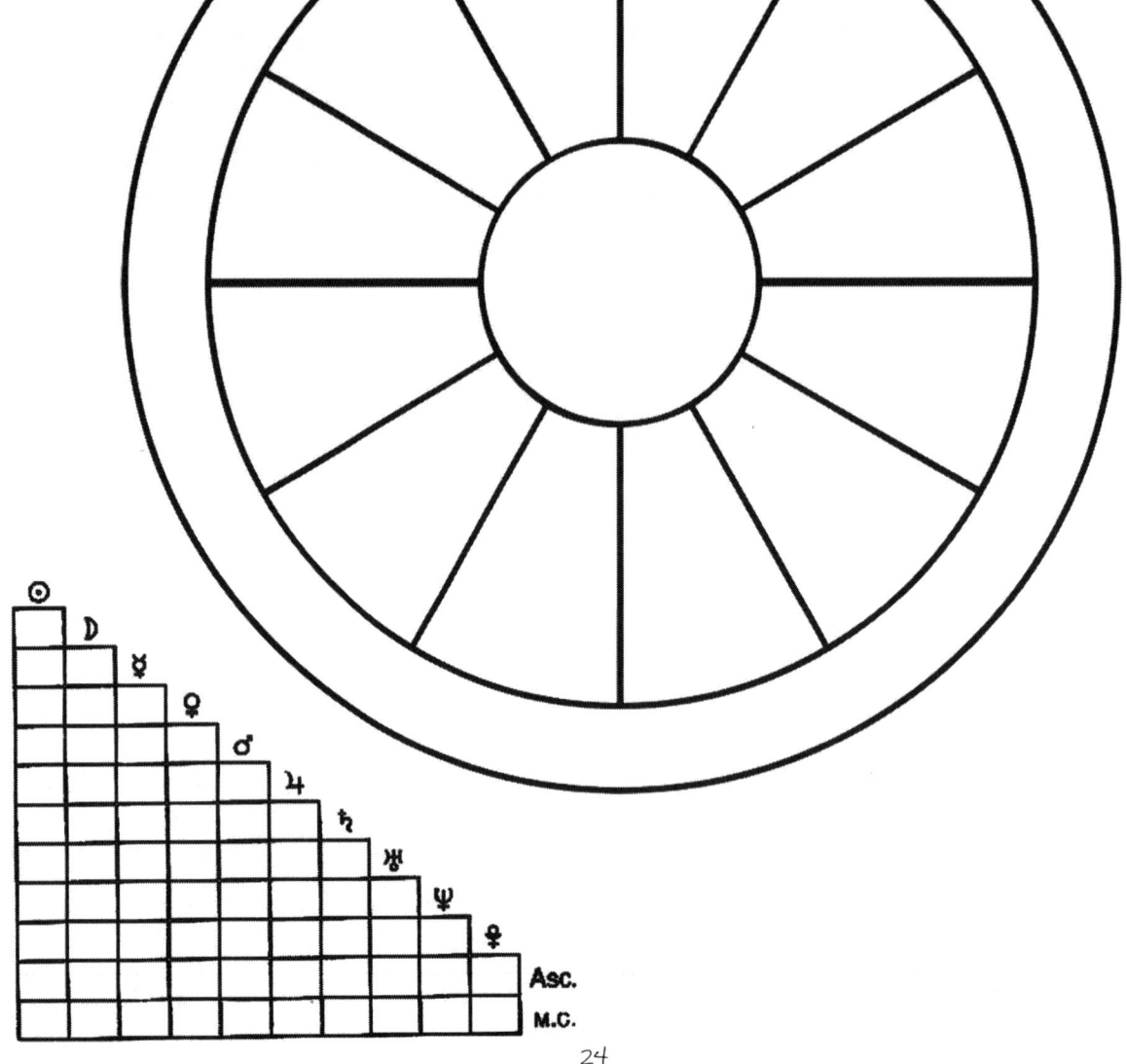

Name _____

Date _____

Time _____

Location _____

26

Name _____

Date _____

Time _____

Location _____

Name _____

Date _____

Time _____

Location _____

Name _____

Date _____

Time _____

Location _____

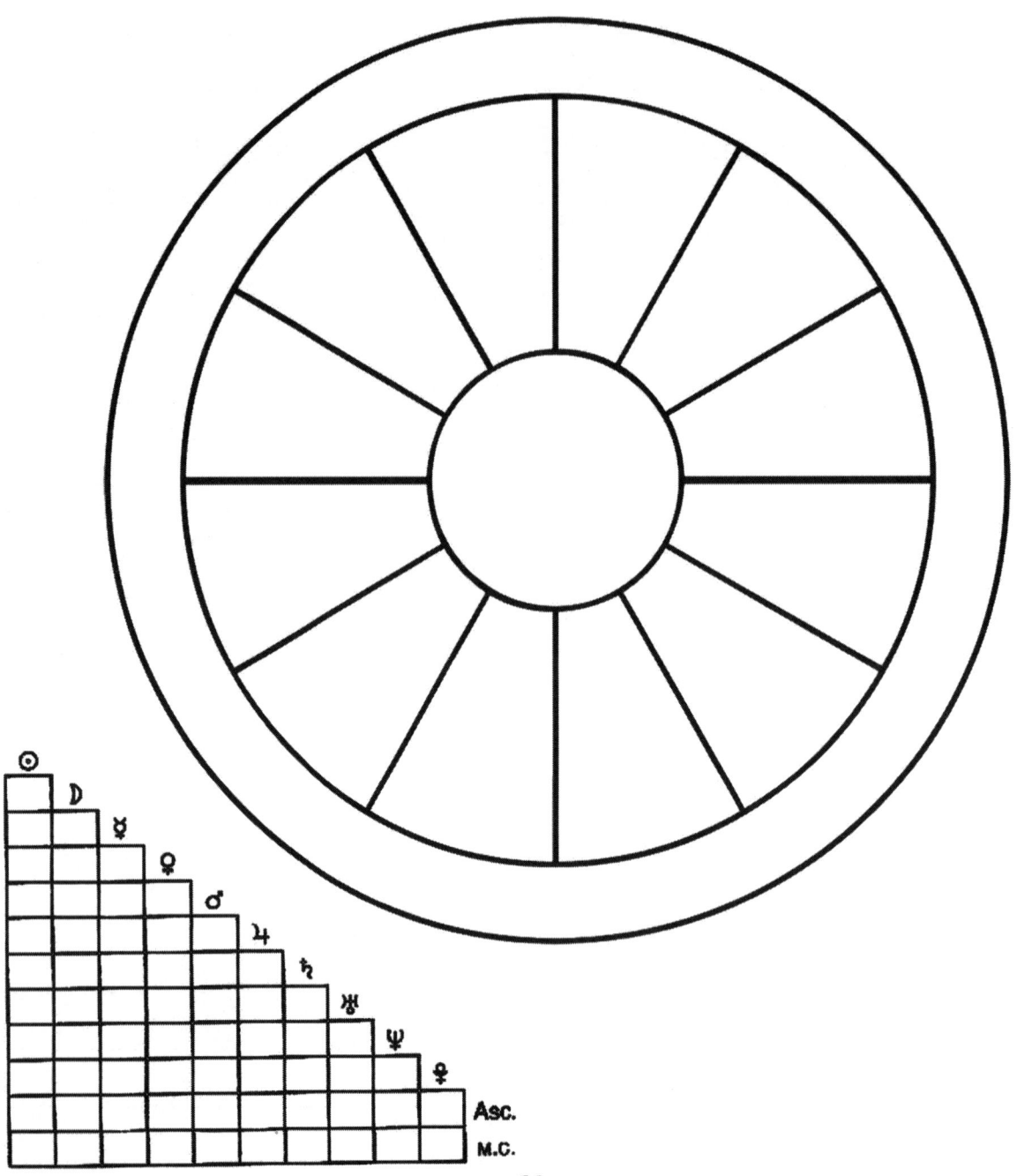

Name _____

Date _____

Time _____

Location _____

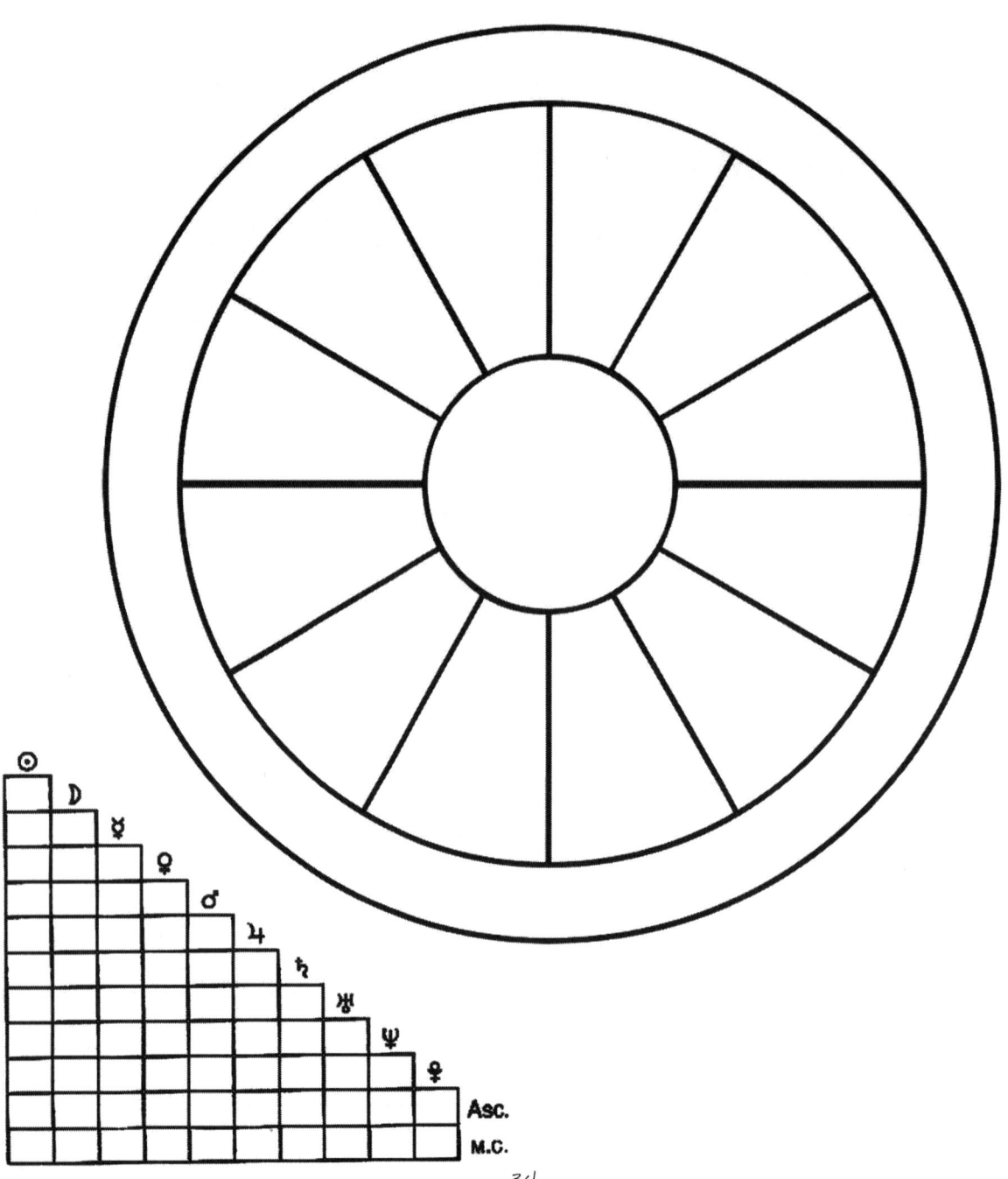

Name _____

Date _____

Time _____

Location _____

Name _____

Date _____

Time _____

Location _____

Name _____

Date _____

Time _____

Location _____

40

Name _____

Date _____

Time _____

Location _____

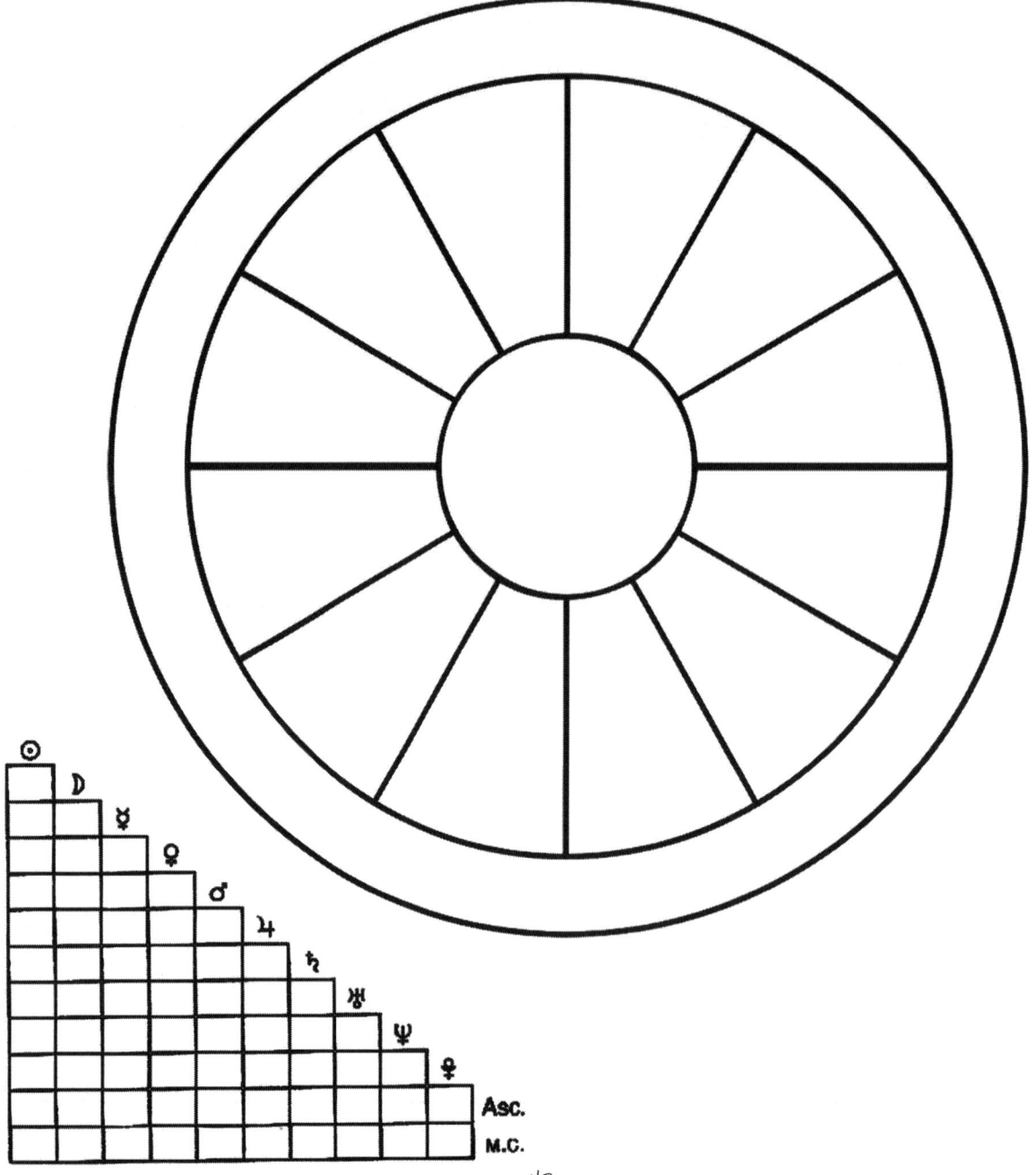

Name _____

Date _____

Time _____

Location _____

☉
☽
☿
♀
♂
♃
♄
♅
♆
♇
Asc.
M.C.

Name _____

Date _____

Time _____

Location _____

Name _____

Date _____

Time _____

Location _____

☉
☽
☿
♀
♂
♃
♄
♅
♆
♇
Asc.
M.C.

48

Name _____

Date _____

Time _____

Location _____

☉
☽
☿
♀
♂
♃
♄
♅
♆
♇
Asc.
M.C.

Name _____

Date _____

Time _____

Location _____

Name _____

Date _____

Time _____

Location _____

Name _____

Date _____

Time _____

Location _____

Name _____

Date _____

Time _____

Location _____

Name _____

Date _____

Time _____

Location _____

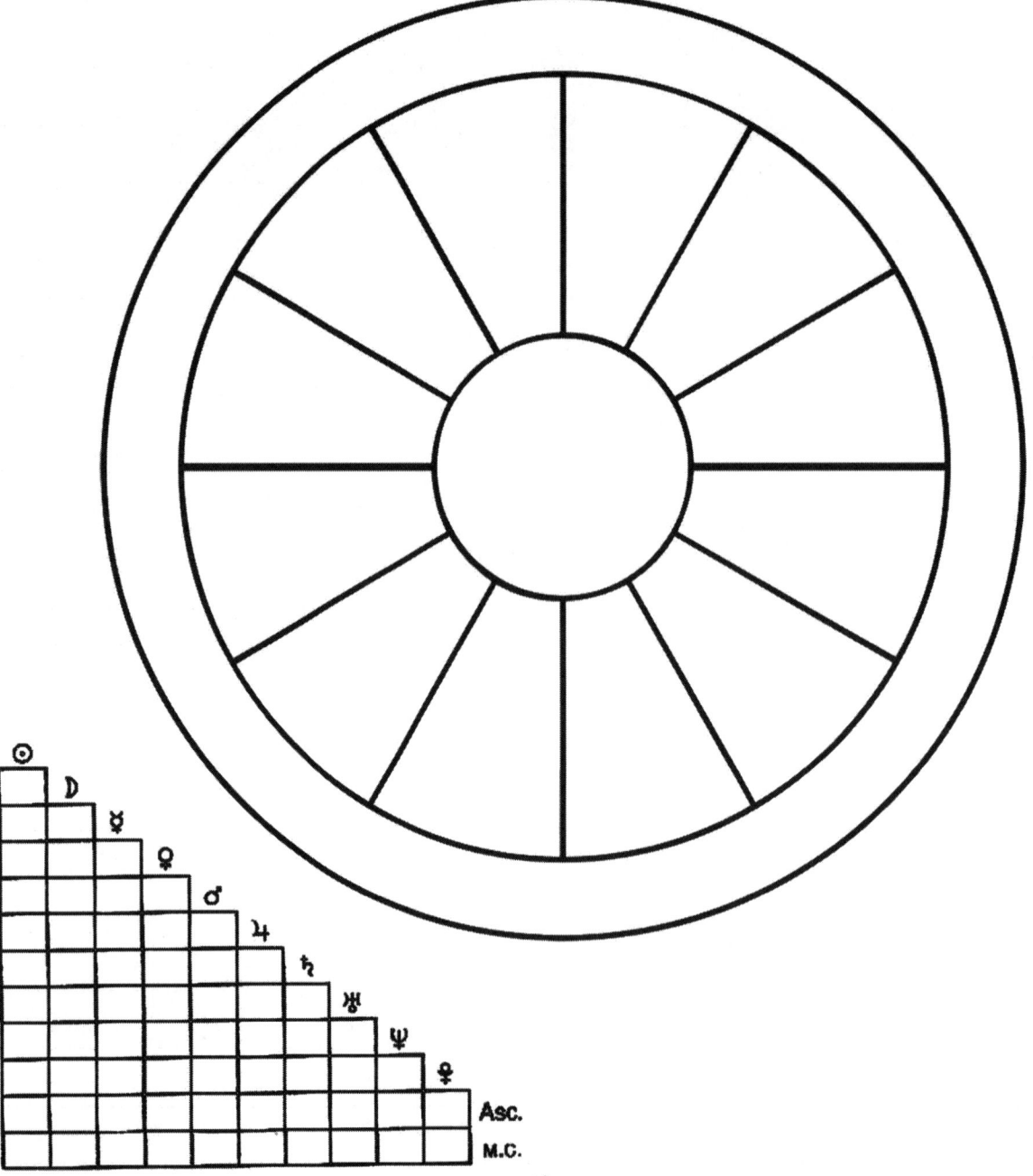

Name _____

Date _____

Time _____

Location _____

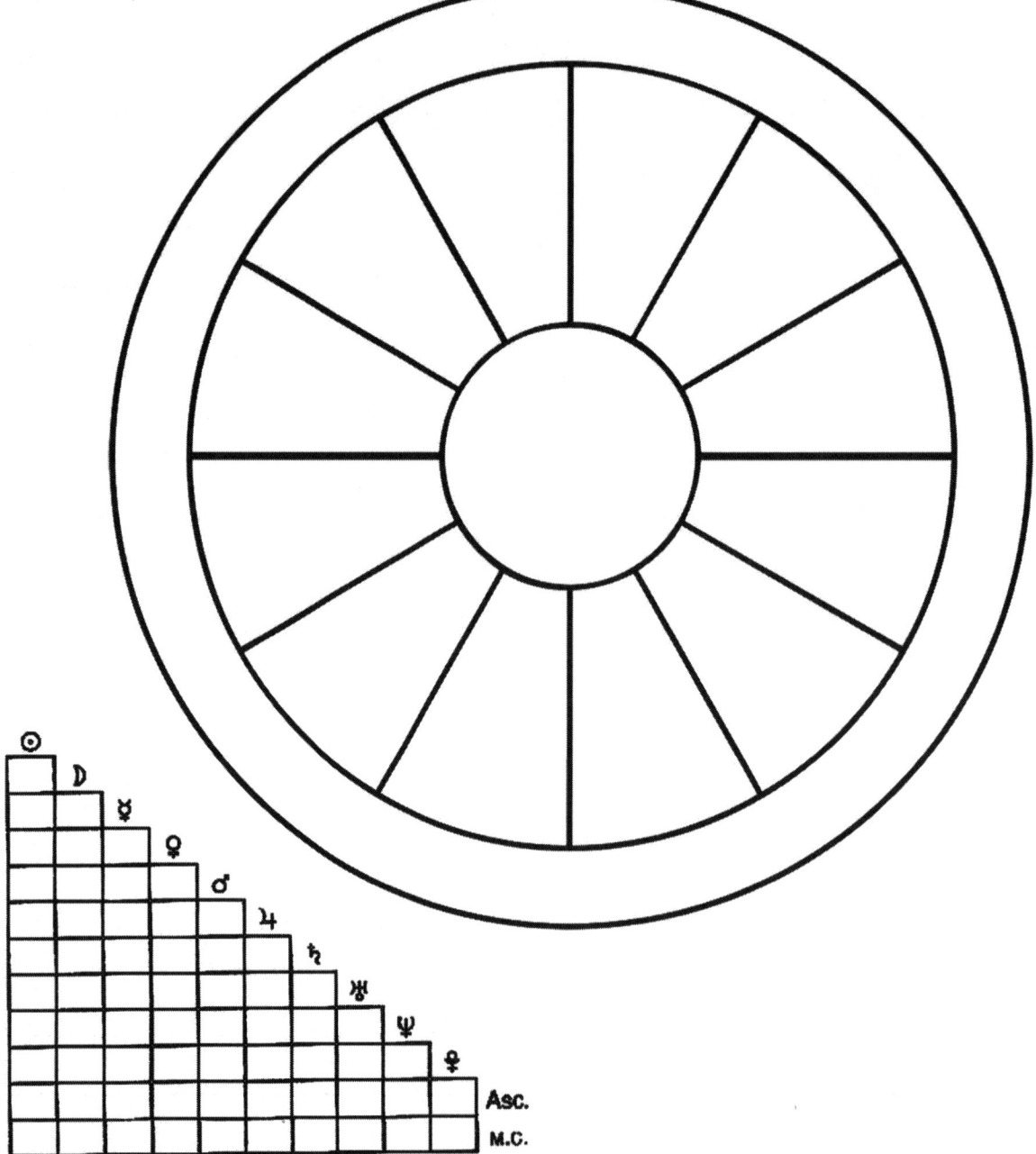

Name _____

Date _____

Time _____

Location _____

⊙

☽

☿

♀

♂

♃

♄

♅

♆

♇

Asc.

M.C.

Name _____

Date _____

Time _____

Location _____

☉
☽
☿
♀
♂
♃
♄
♅
♆
♇
Asc.
M.C.

66

Name _____

Date _____

Time _____

Location _____

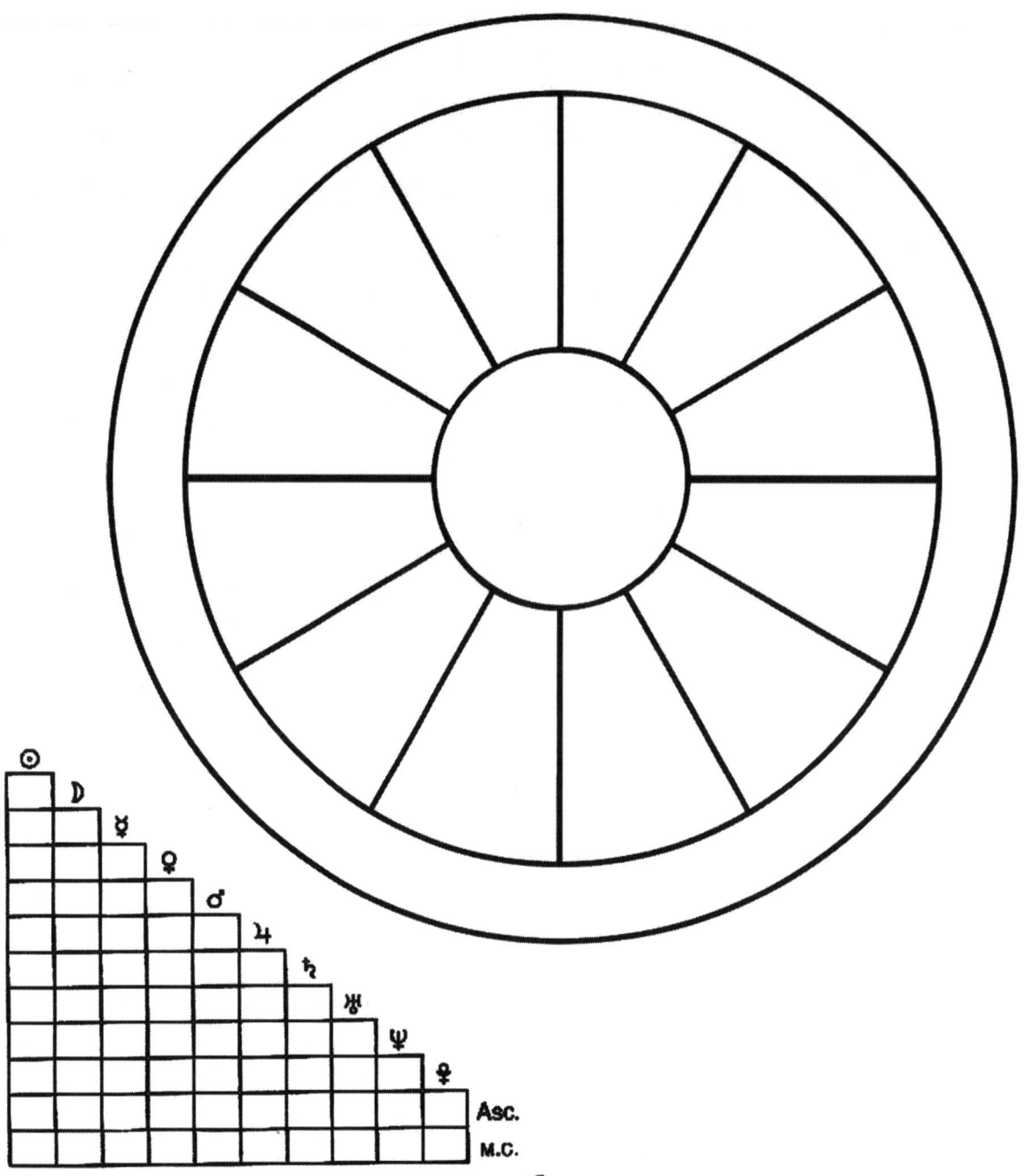

Name _____

Date _____

Time _____

Location _____

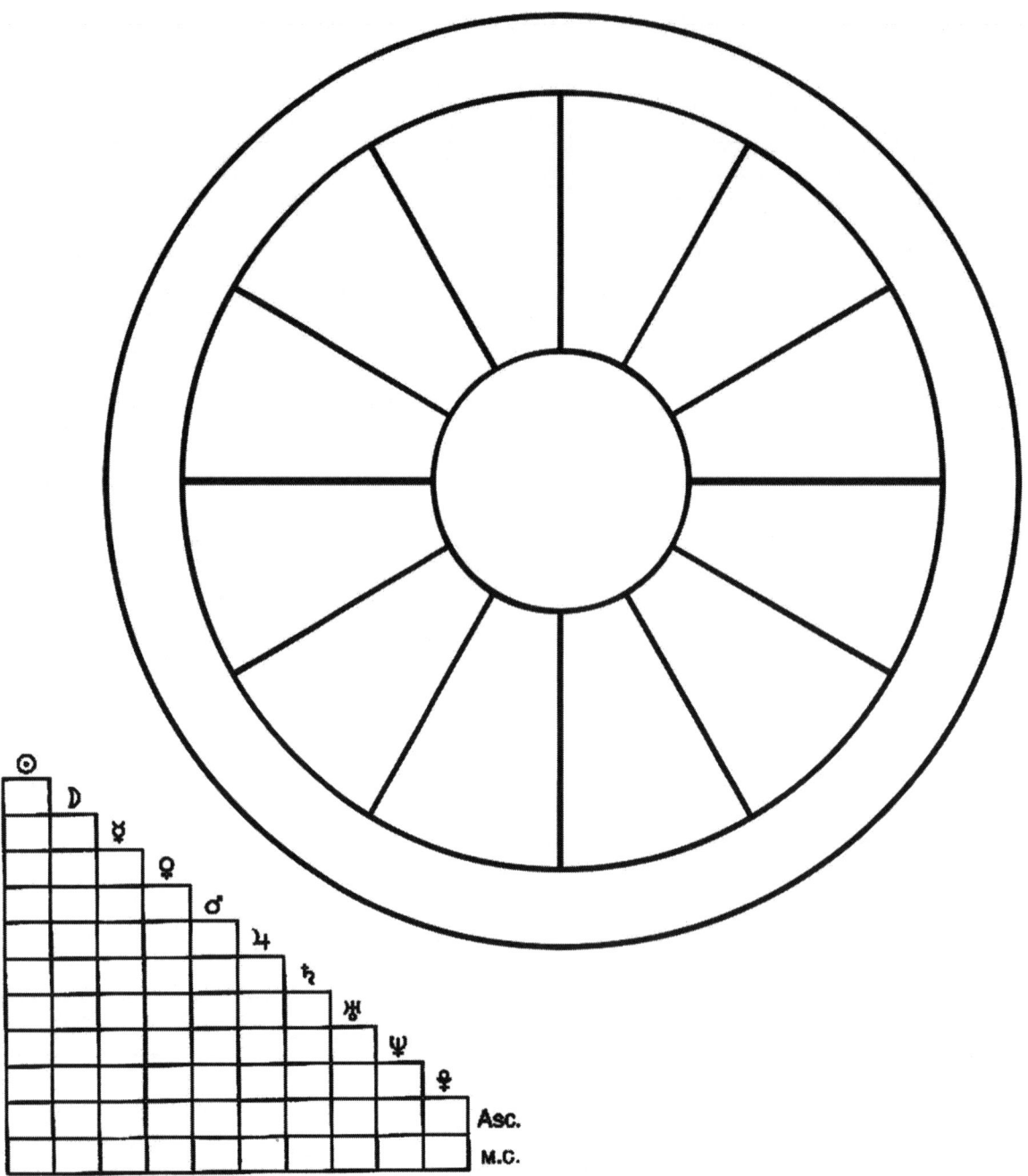

Name _____

Date _____

Time _____

Location _____

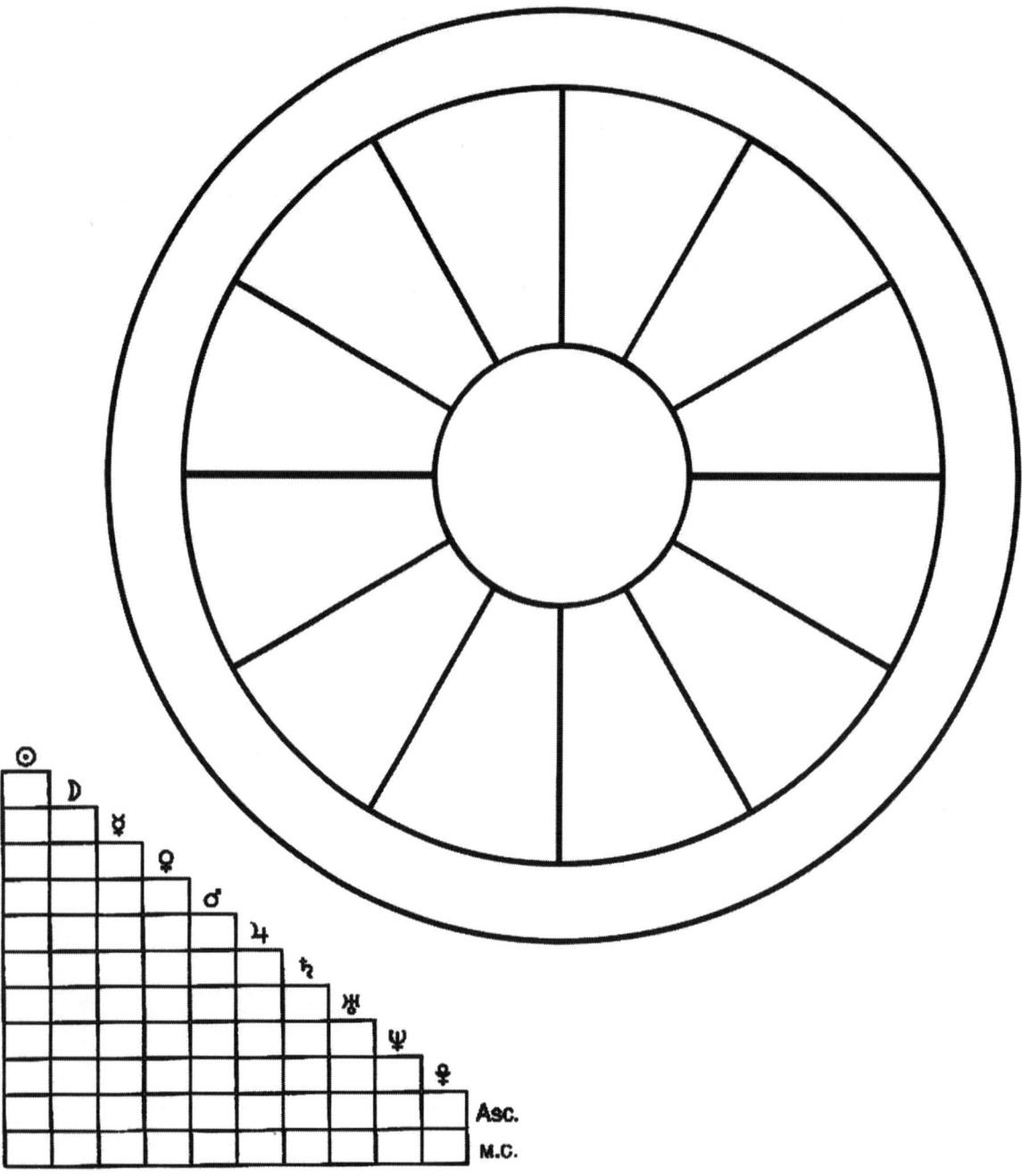

Name _____

Date _____

Time _____

Location _____

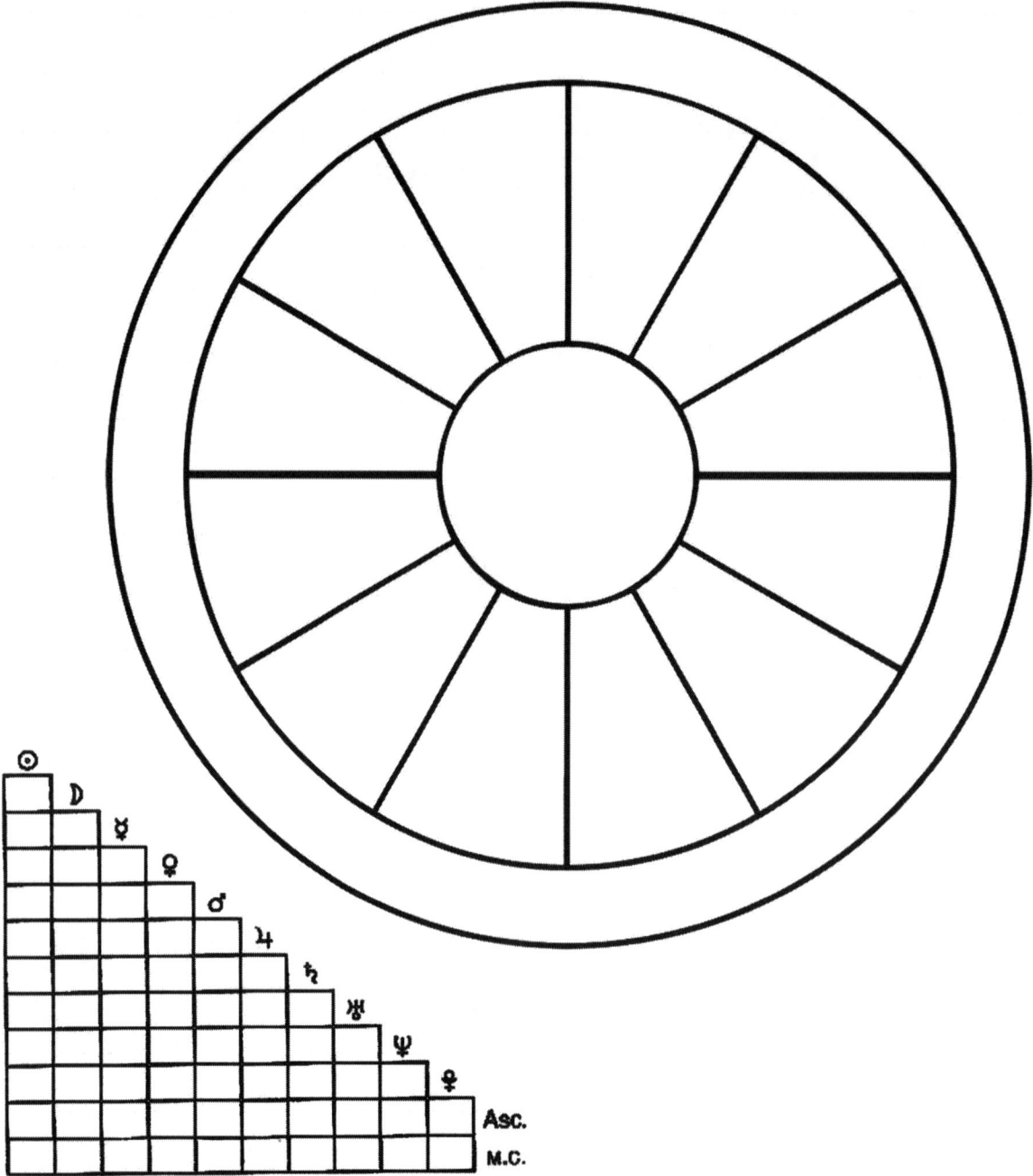

Name _____

Date _____

Time _____

Location _____

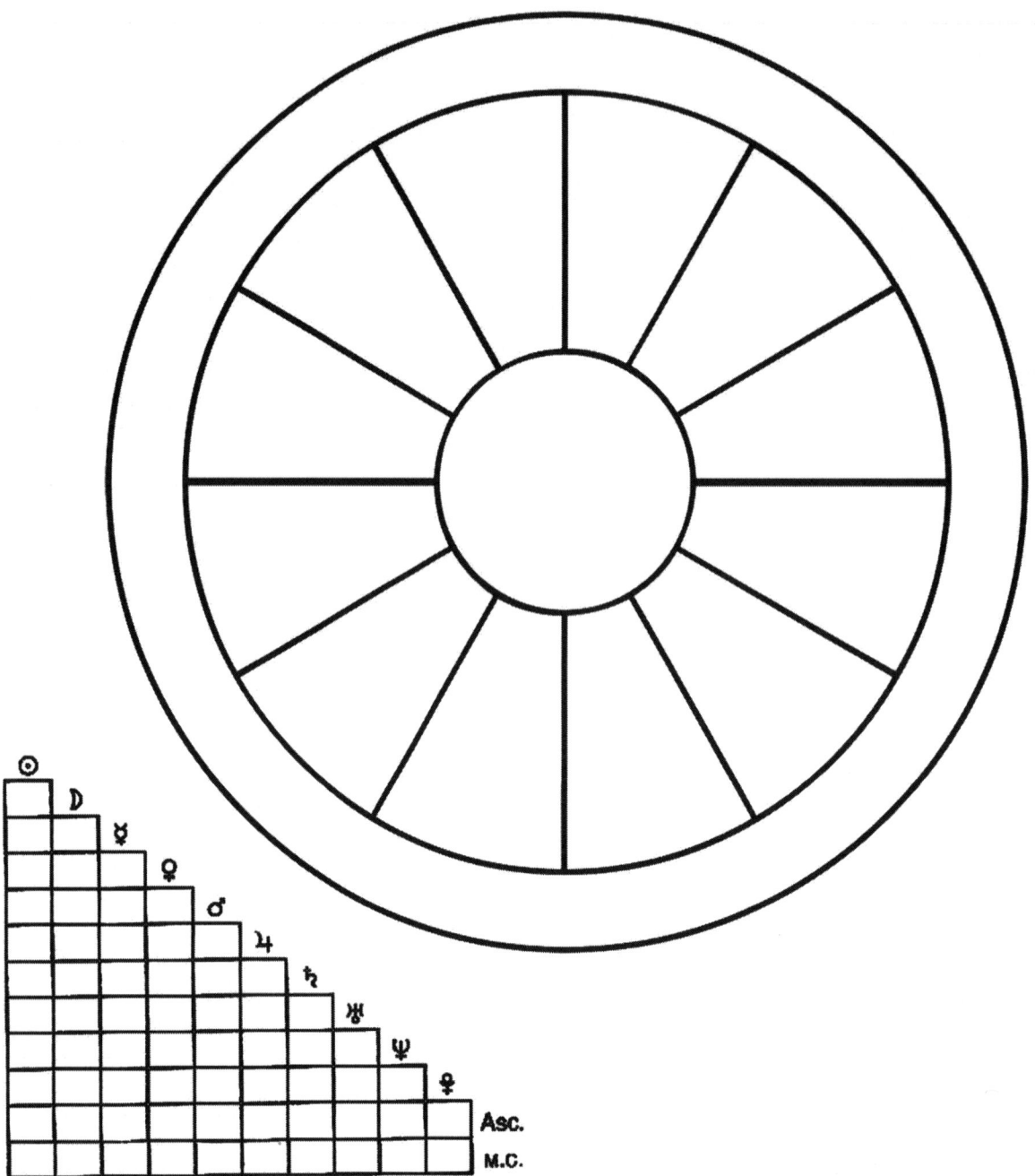

Name _____

Date _____

Time _____

Location _____

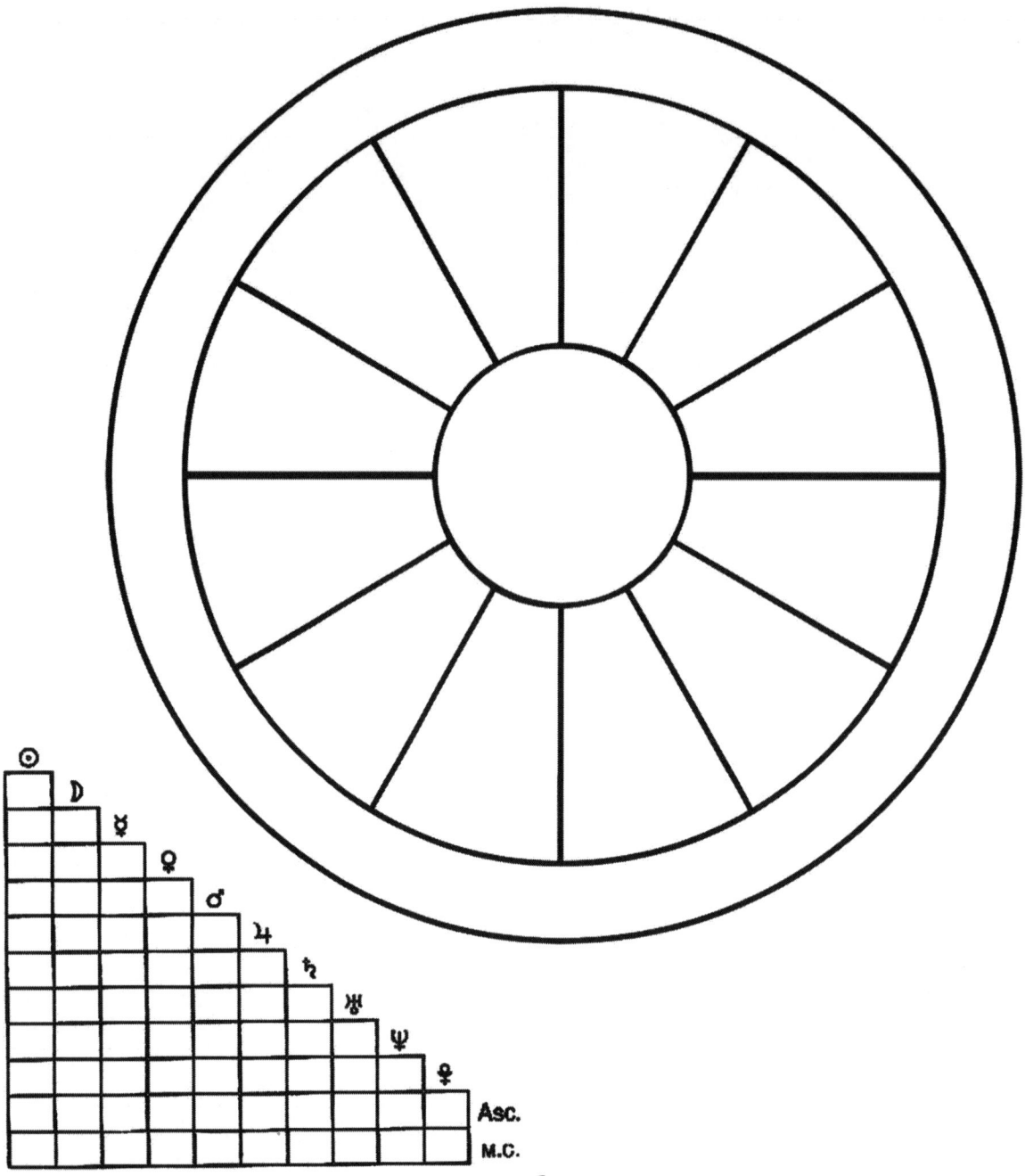

78

Name _____

Date _____

Time _____

Location _____

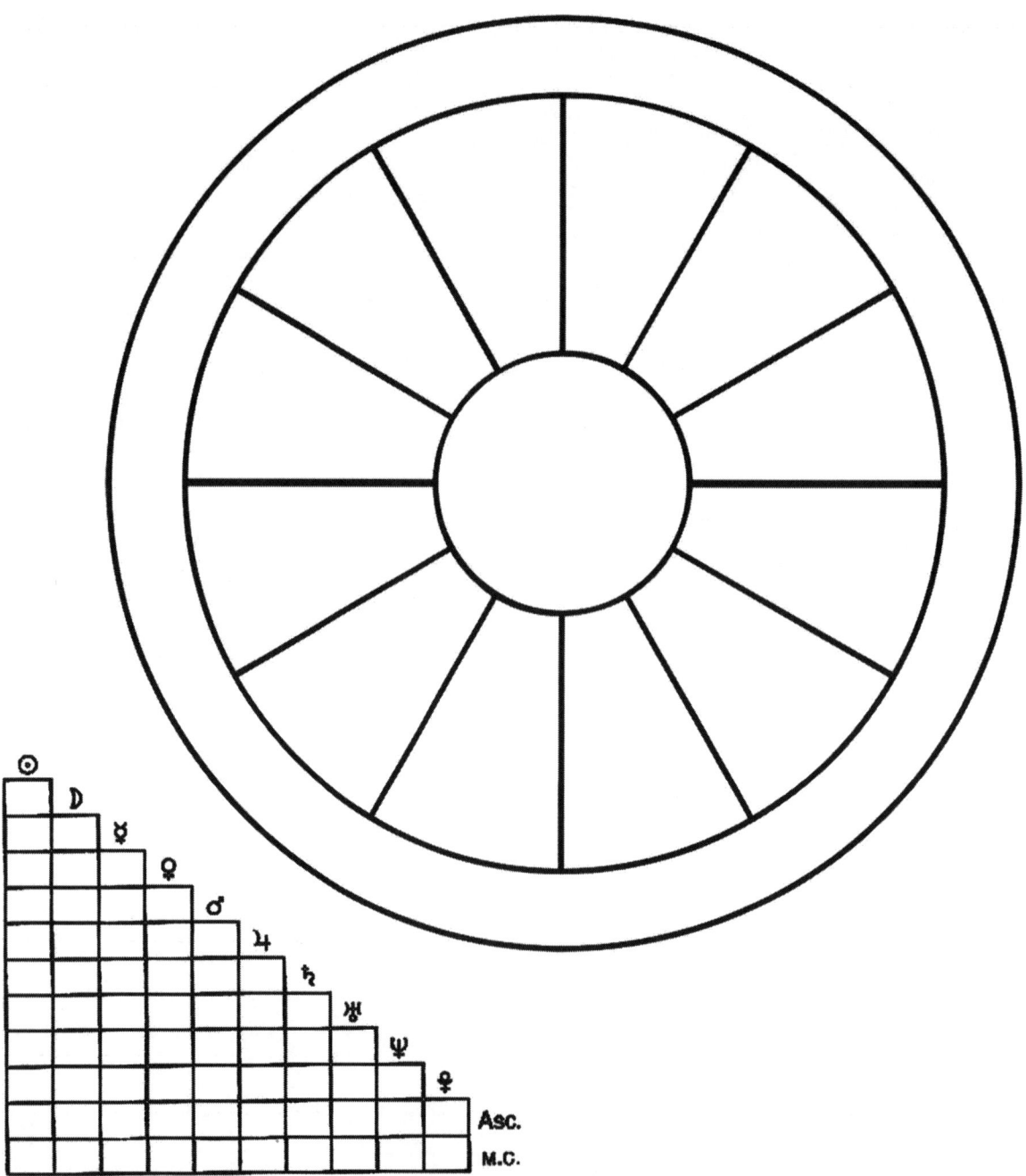

Name _____

Date _____

Time _____

Location _____

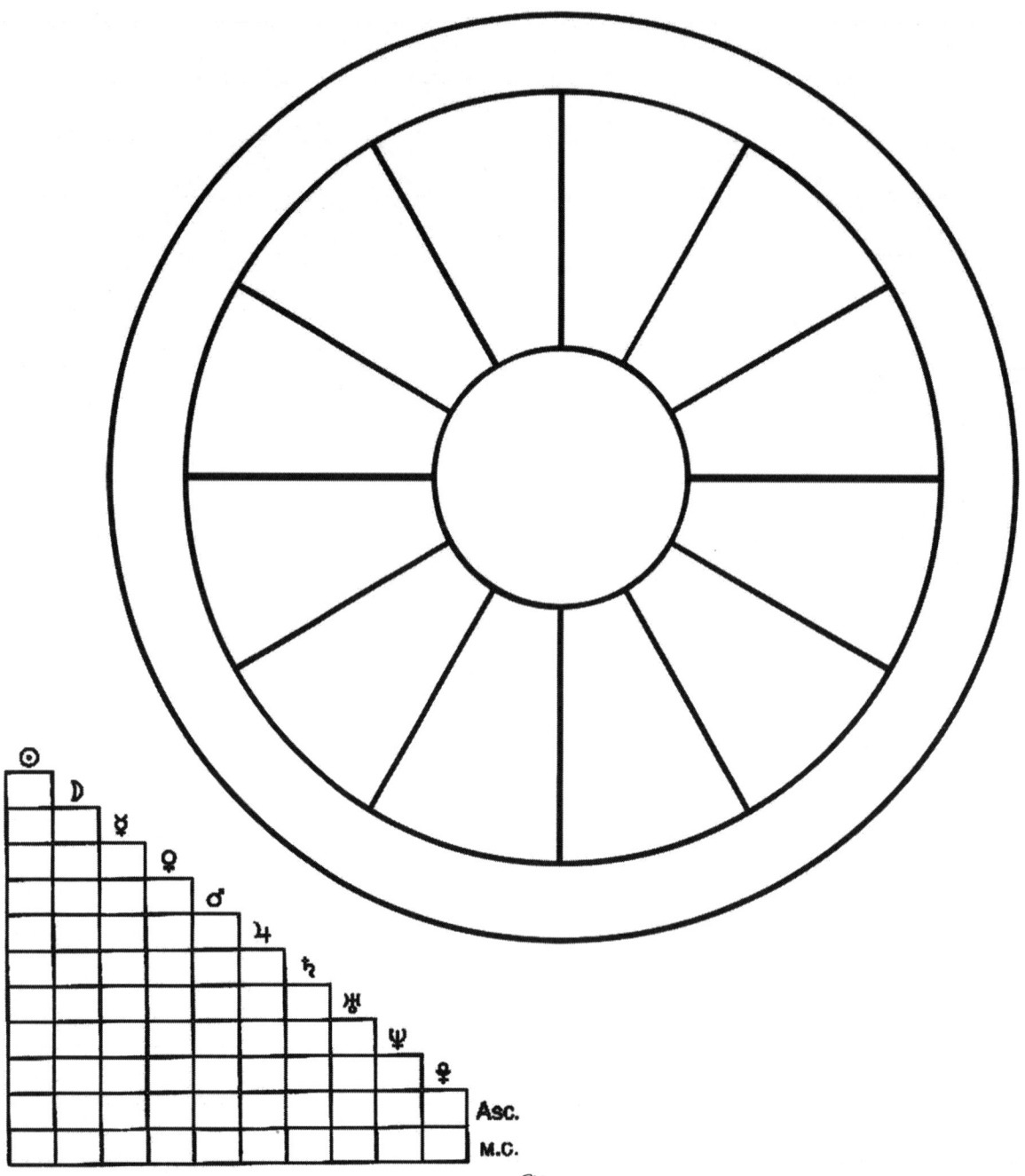

Name _____

Date _____

Time _____

Location _____

☉
☽
☿
♀
♂
♃
♄
♅
♆
♇
Asc.
M.C.

84

Name _____

Date _____

Time _____

Location _____

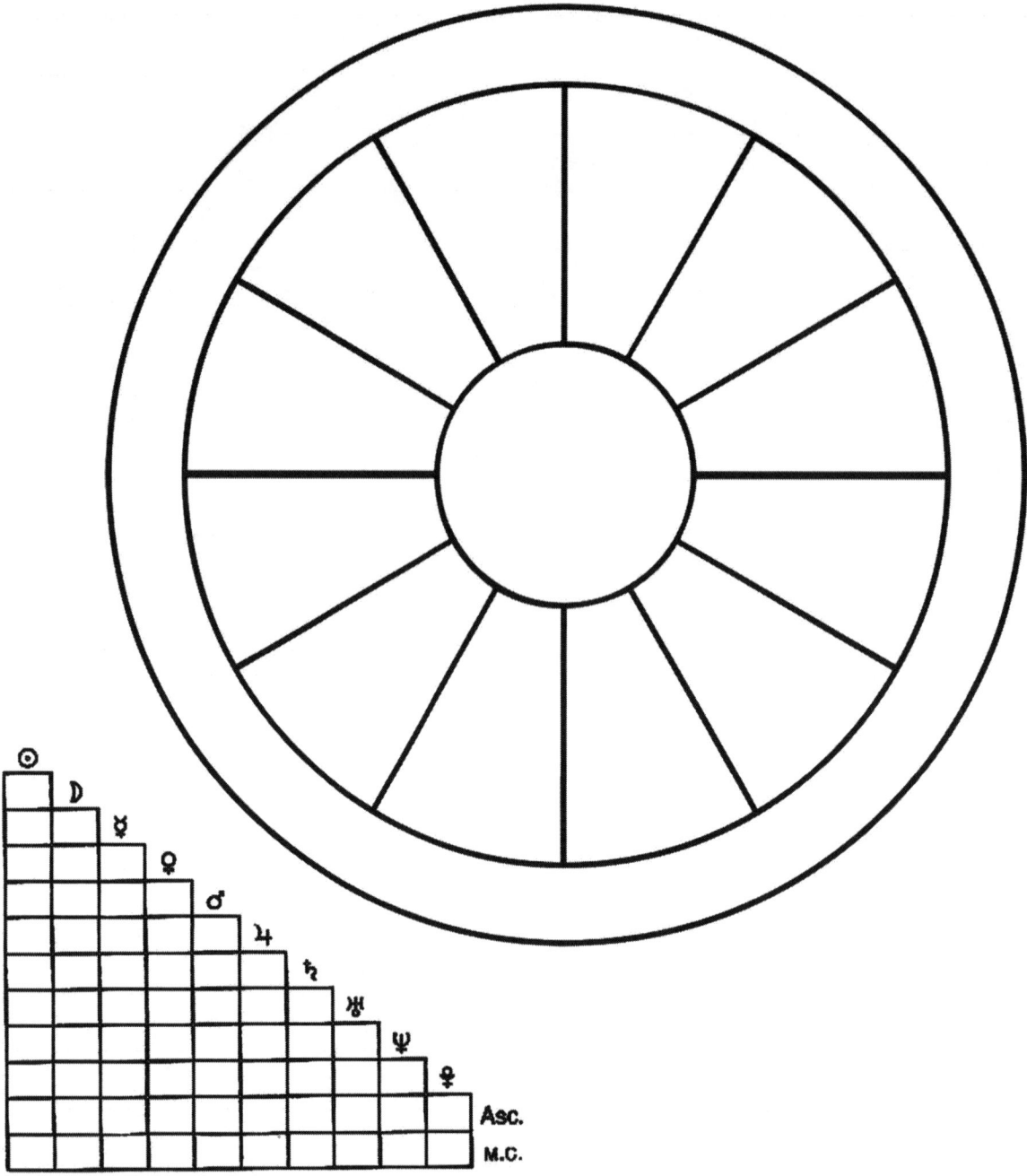

Name _____

Date _____

Time _____

Location _____

Name _____

Date _____

Time _____

Location _____

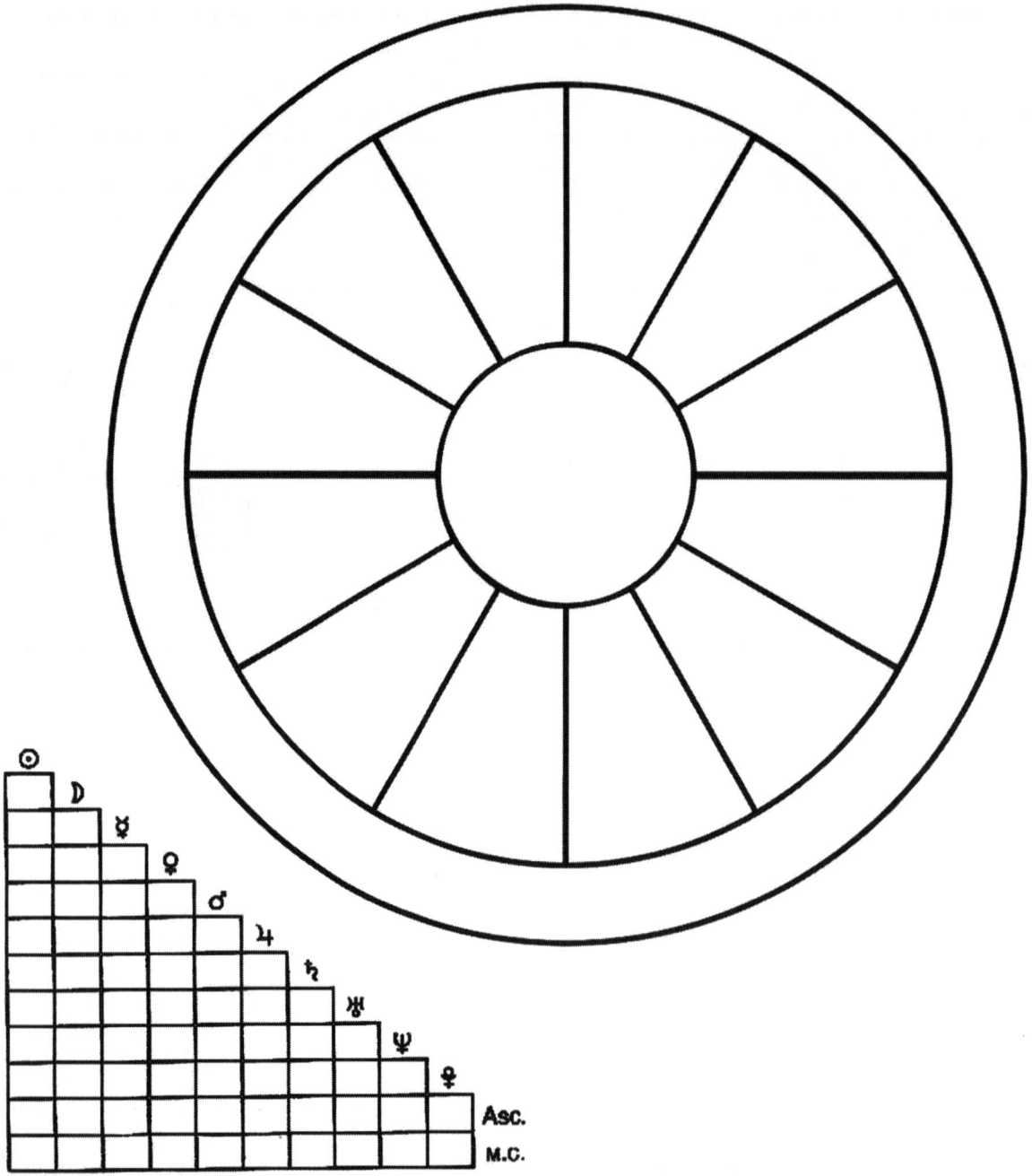

Name _____

Date _____

Time _____

Location _____

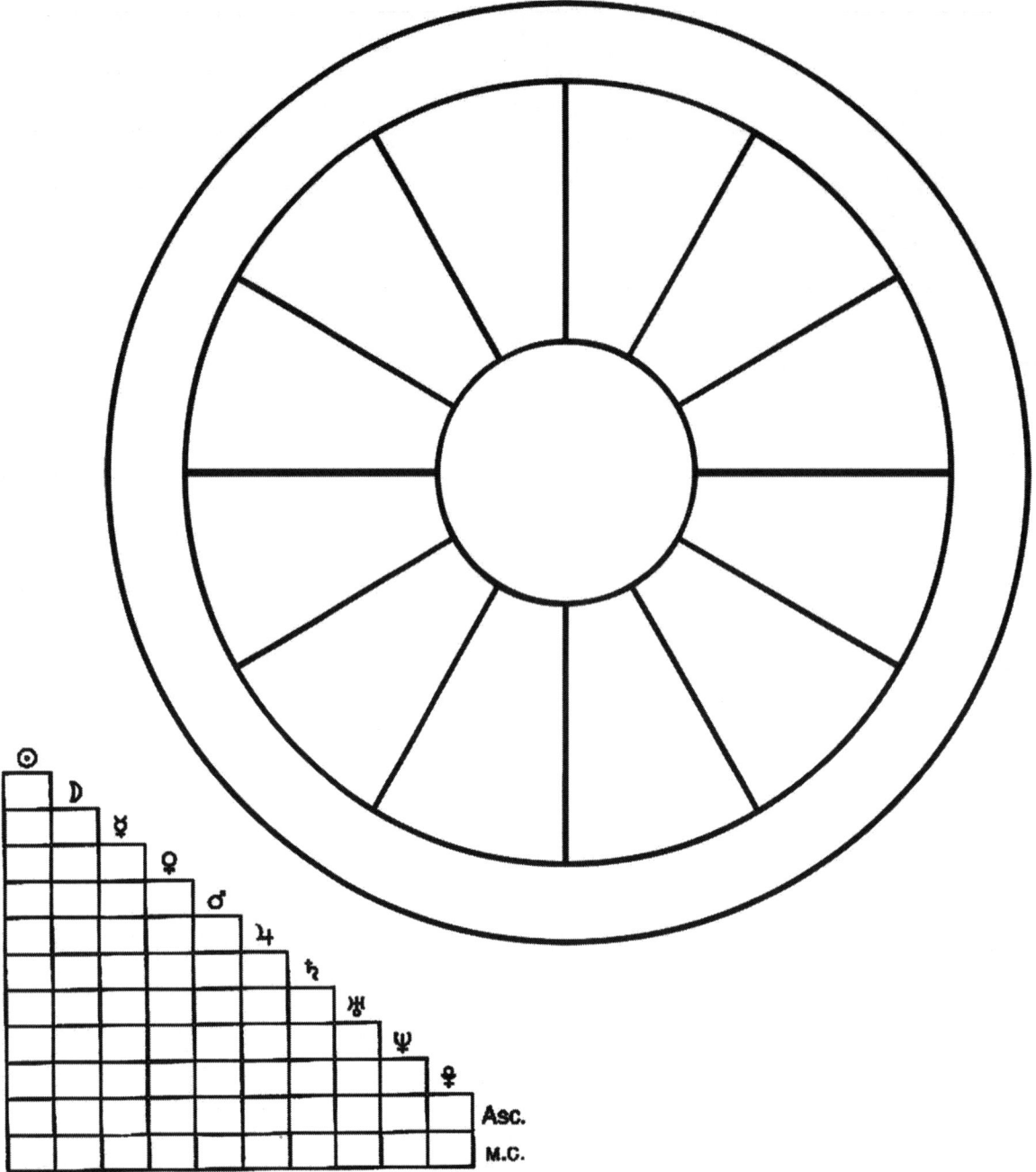

Name _____

Date _____

Time _____

Location _____

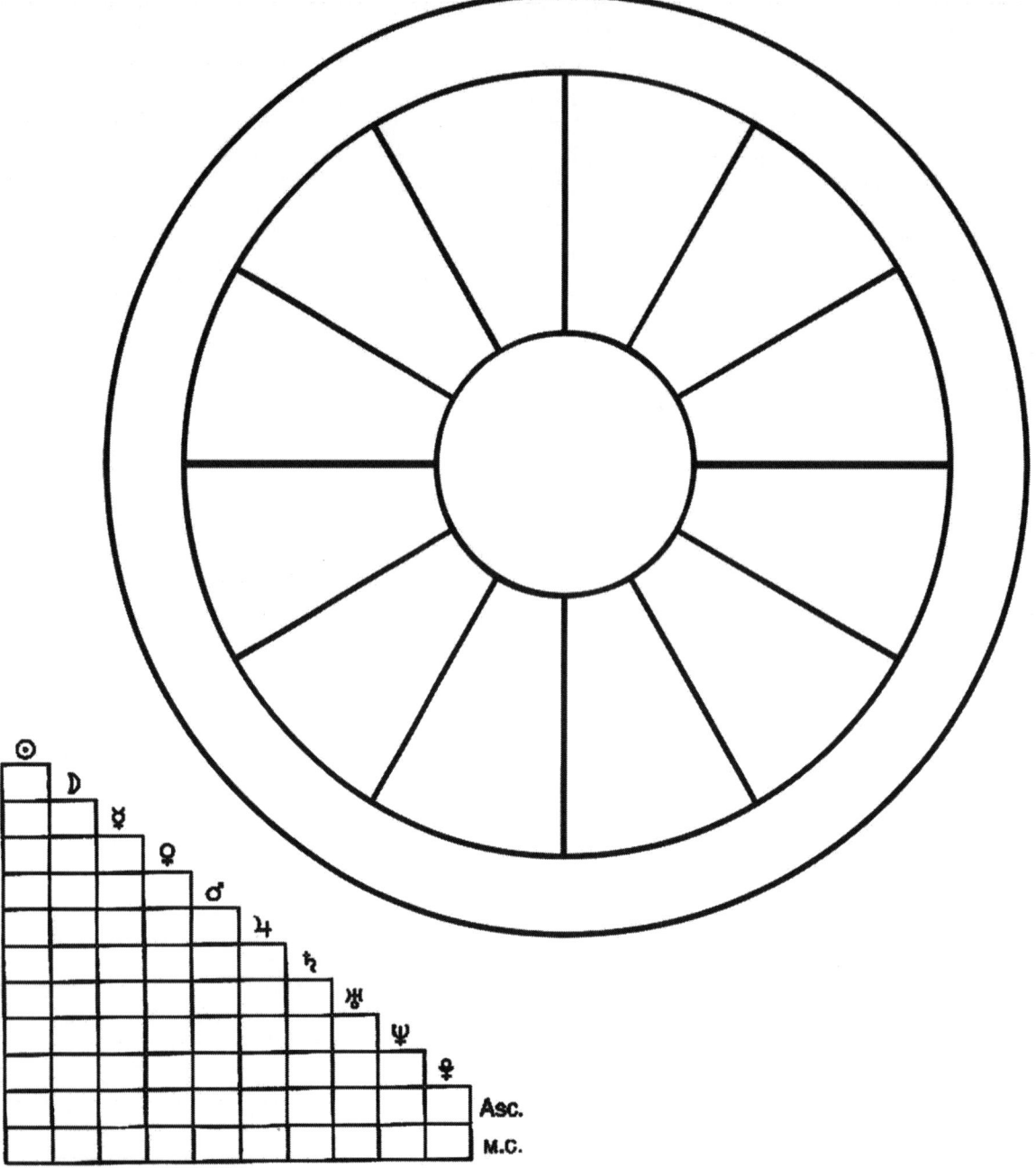

Name _____

Date _____

Time _____

Location _____

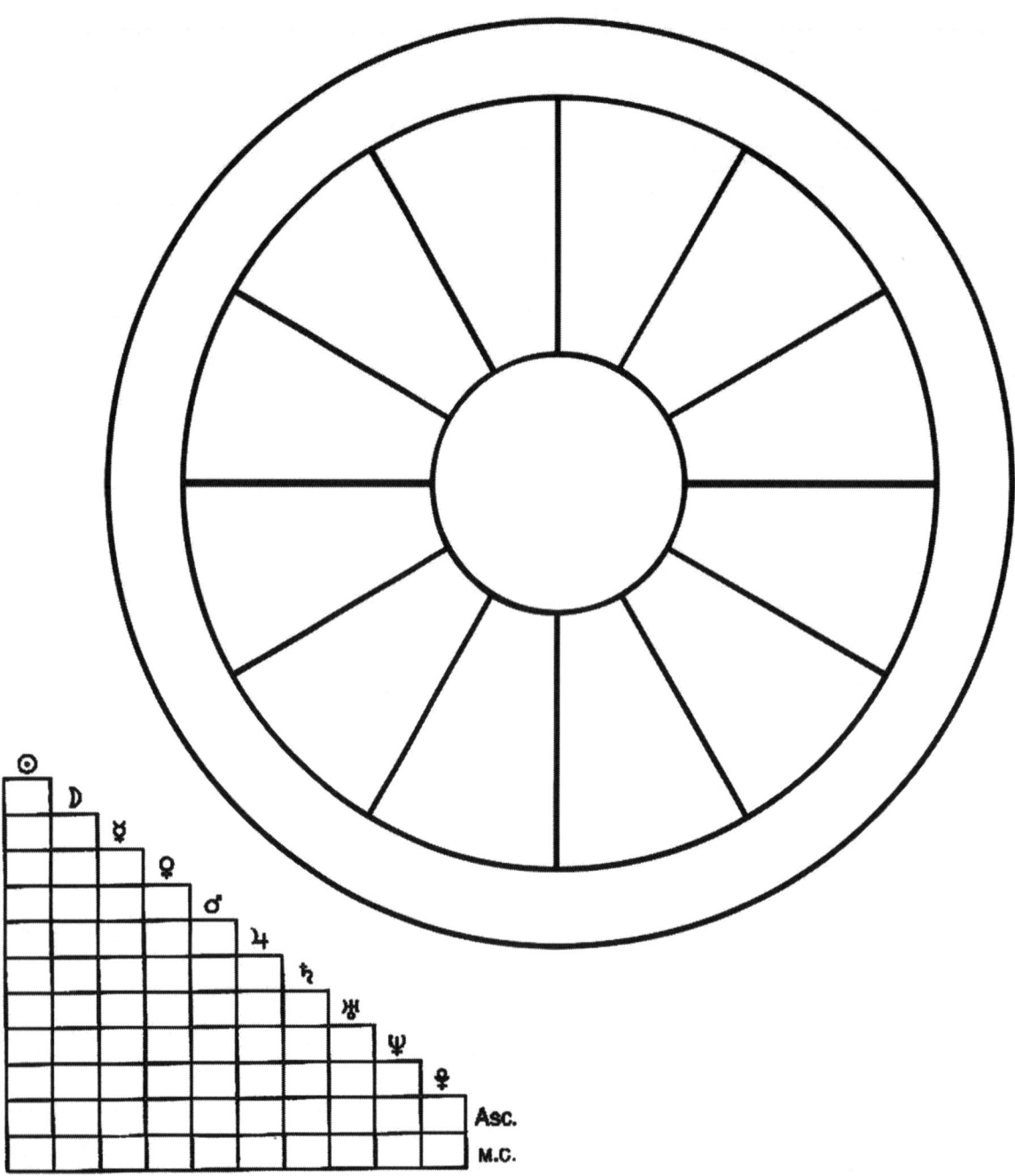

Name _____

Date _____

Time _____

Location _____

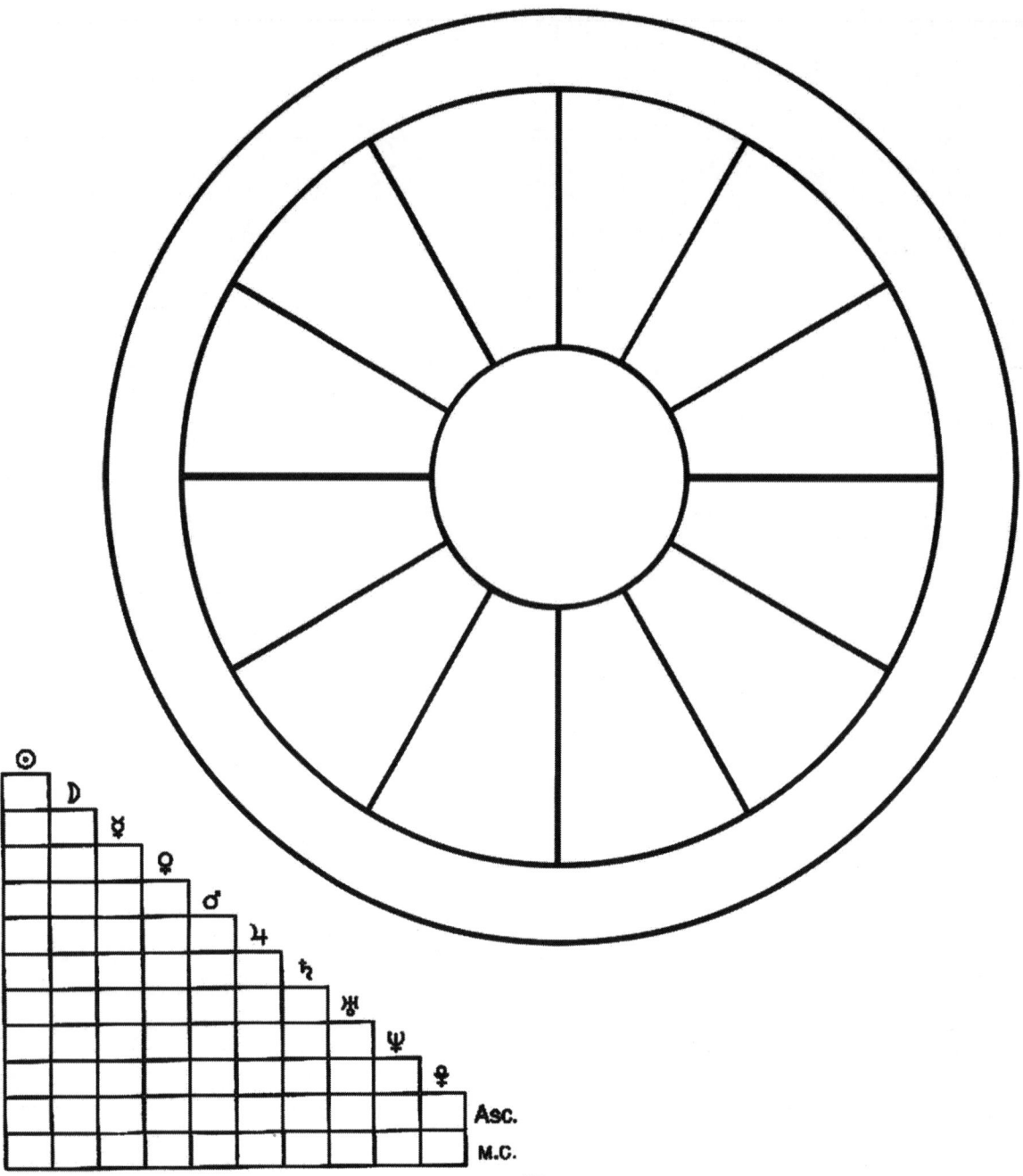

Name _____

Date _____

Time _____

Location _____

Name _____

Date _____

Time _____

Location _____

Name _____

Date _____

Time _____

Location _____

⊙
☽
☿
♀
♂
♃
♄
♅
♆
♇
Asc.
M.C.

Name _____

Date _____

Time _____

Location _____

Name _____

Date _____

Time _____

Location _____

⊙
☽
☿
♀
♂
♃
♄
♅
♆
♀
Asc.
M.C.

108

Name _____

Date _____

Time _____

Location _____

☉
☽
☿
♀
♂
♃
♄
♅
♆
♇
Asc.
M.C.

Name _____

Date _____

Time _____

Location _____

Name _____

Date _____

Time _____

Location _____

Name _____

Date _____

Time _____

Location _____

Name _____

Date _____

Time _____

Location _____

Name _____

Date _____

Time _____

Location _____

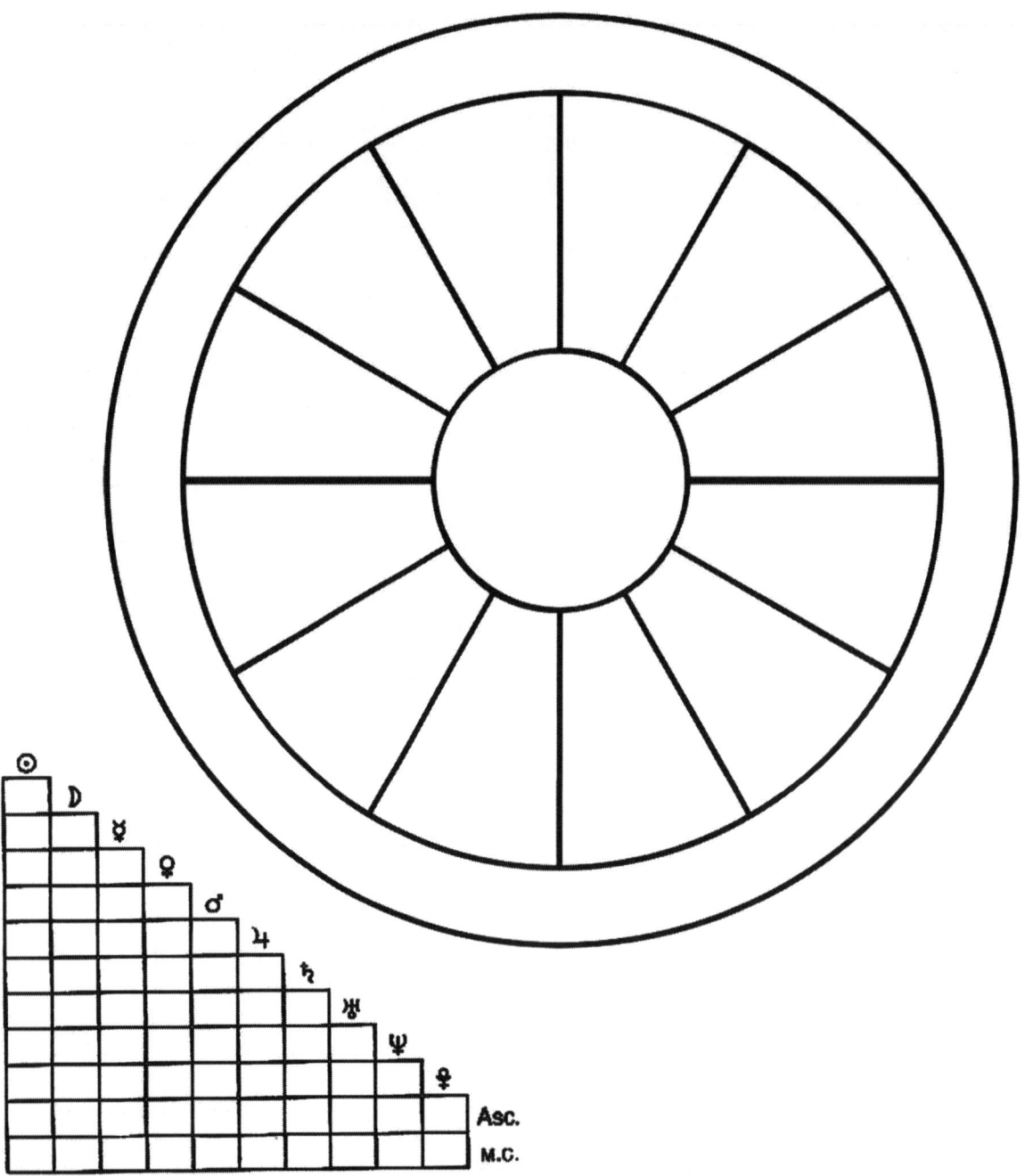

Name _____

Date _____

Time _____

Location _____

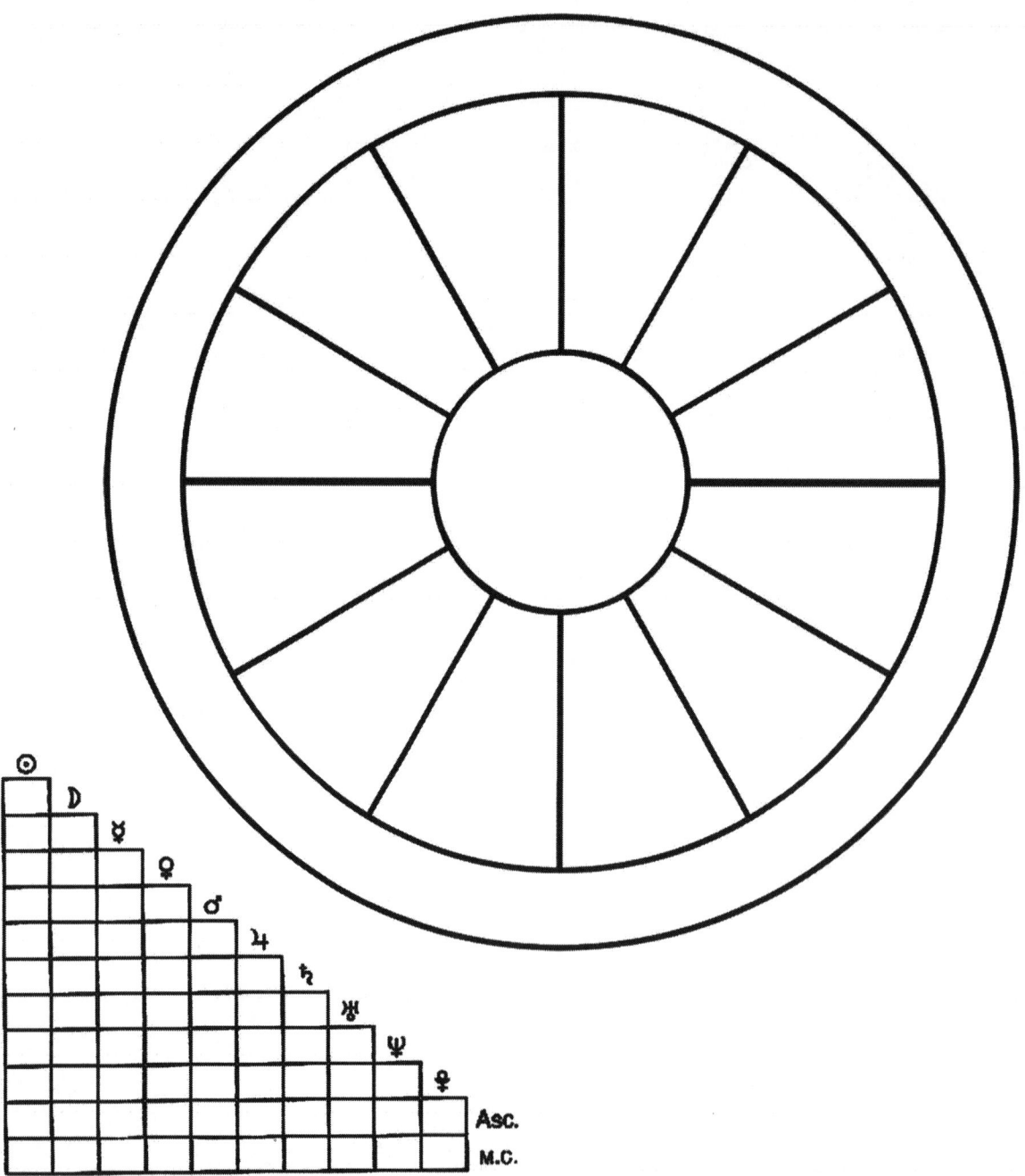

Name _____

Date _____

Time _____

Location _____

Name _____

Date _____

Time _____

Location _____

Name _____

Date _____

Time _____

Location _____

Name _____

Date _____

Time _____

Location _____

47569156R00075

Made in the USA
San Bernardino, CA
13 August 2019